Zur Person: Tina Wessig (47) ist Journalistin und Autorin aus Niederösterreich.

Taubenschlag in meinem Herzen

Gedichte, Texte, Stationen

Tina Wessig

Herstellung und Verlag: BoD – Books on Demand, Norderstedt
Bibliografische Information der Deutschen Nationalbibliothek: Die Deutsche
Nationalbibliothek verzeichnet diese Publikation in der Deutschen
Nationalbibliografie; detaillierte bibliografische Daten sind im Internet über
www.dnb.de abrufbar.

© / Copyright: 2017 Tina Wessig
Umschlaggestaltung, Illustration: Tina Wessig
Lektorat, Korrektorat: Tina Wessig, wessig@aon.at
ISBN: 9783743192829

Das Werk, einschließlich seiner Teile, ist urheberrechtlich geschützt. Jede
Verwertung ist ohne Zustimmung des Verlages und des Autors unzulässig. Dies
gilt insbesondere für die elektronische oder sonstige Vervielfältigung,
Übersetzung, Verbreitung und öffentliche Zugänglichmachung.

WIDMUNG:

Ich widme dieses Buch allen Menschen, die mich bislang auf meinem Weg begleitet haben - und sei es auch noch so kurz. Ihr habt mich zu dem Menschen gemacht, der ich heute bin, mit Stärken und Schwächen, mit unbändigem Löwenmut und grenzenloser Phantasie, mit Fehlern, Höhen und Tiefen. Dafür danke ich euch von ganzem Herzen.

Danksagung: Ich danke meinem Mann Michael für seinen unerschütterlichen Optimismus, für Liebe, Lob und Leidenschaft, meinen Eltern für jeden einzelnen zärtlichen Gedanken und dem Universum für seinen Plan.

VORWORT:
Wer möchte nicht ganz bei sich sein, ganz im Moment und ganz in seiner Mitte? Wenn uns das gelingt, war es meist ein anderer Mensch, der uns diese Erfahrung ermöglicht hat. Weil er uns Kraft gegeben hat, Mut, weil er uns Zuversicht gegeben und uns den Rücken gestärkt hat. Auch, wenn wir erkennen müssen, dass diese Momente meist von kurzer Dauer sind, so können wir uns doch glücklich schätzen, sie gelebt zu haben.
Daher kehren wir doch einmal noch kurz zu den Momenten zurück, die für uns entscheidend waren, zu den Weggabelungen, an denen wir eine Richtung einschlagen mussten, die für unser Leben prägend war. Ohne Wehmut, ohne Groll, aber doch mit allen Sinnen. Ich lade Sie ein auf eine Reise durch die Gedanken. Hin zu Gefühlen, die so beklemmend wie befreiend sein können, so verschlingend wie verführerisch, so hoch und so tief.

Taubenschlag

Hab' einen Taubenschlag in meinem Herzen
und einen Bienenkorb in meinem Kopf,
seh' Dich in einem Meer von Kerzen,
werf' Dich und mich in einen Topf.

Ich möchte Dich das Fliegen lehren,
so lass Dich fallen, wenn Du's wagst.
"Ich möchte wissen, wie ich lande",
ist alles, was Du dazu sagst.

Ich möchte Dir die Wahrheit sagen,
ich zeigte gern Dir meinen Weg,
der holprig ist und verharre,
wenn ich unerwartet Wunden pfleg'.

Du bist ein Spieler ohne Skrupel,
bestiehlst Dich selbst und nicht die Bank,
Du sagst "Die Karten sind gezinkt",
machst anstatt reich Dich selber krank.

Versag' nicht, was in Gedanken Du gibst
und halte Dich selbst nicht zum Narren,
verzichte doch auf die Goldjetons,
kassiere gleich die ganzen Barren.

Verbirg' nicht, was ich längst schon weiß,
wir sind uns ähnlich, sieh es ein,
nicht jede Ruhezeit heißt zwingend
auch hoffnungslos allein zu sein.

Du sagst, Du kommst bald und ich seh' Dich,
Du sagst, Du gehst noch lang nicht heim,
Du sagst, Du gehst und ich versteh' Dich,
bis später im Türmchen aus Elfenbein.

Ich

Ich zeig' Dir meine leise Seite,
doch eine laute hab' ich auch,
ich sehne mich in Deinen Arm
und sag' Dir, dass ich Dich nicht brauch'.

Bin die Vernunft und bin die Logik,
die Analyse in Person,
nütz' dennoch selten mein Gehirn,
was soll's, das weißt Du alles schon.

Bin heftig, zärtlich, kalt und warm,
ich brülle und ich schweige,
ich hoff', die Nacht bricht bald herein
und hoff', der Tag geht nie zur Neige.

Mal sprudelt es aus mir heraus,
mal sitzt es tief und fest,
ich liebe mich im Übermaß und
hasse mich manchmal so sehr wie die Pest.

Wie soll ein and'rer mich versteh'n,
wenn ich es doch nicht selber kann?
Ich sehne mich nach Deinem Blick
und sage "Schau mich nicht so an".

Lass mich in meiner wirren Welt
und mach' sie bitte heil
und stürme ich den Berg hinauf,
sei Du für mich das Halteseil.

Eismeer

Ich hab' Dich im Herzen, aber nicht an der Hand,
bewohne ein dürres und einsames Land,
ich rufe und rufe, doch gegen den Wind,
versuch', Dich zu sehen, doch der Wind macht mich blind.

Will näher zu Dir, doch Du läufst davon,
ich will mit Dir lachen und ernte den Hohn,
will neben Dir liegen, Deine Antwort ist Nein
und versuche vergeblich, Dir wichtig zu sein.

Will alles und nichts und will es jetzt gleich,
ich brauche nicht viel, doch ich wäre gern reich,
ich kaufte Dein Herz und Deine Seele sodann,
dass nur ich alleine beleben Dich kann.

Dein Rhythmus ist Schwermut und meiner vier Viertel,
ich liebe es wallend, Du bindest den Gürtel,
ich brauche die Freiheit, Du kerkerst mich ein,
Du hoffst, ich bejahe, jetzt ist meine Antwort Nein.

Und sollt' ich Dich brauchen, wirst Du es erkennen,
wirst einmal und erstmals beim Namen mich nennen,
willst Du es sehen und was wirst Du machen,
wenn ich Dir beweise, dass ich weinend kann lachen?

Bin ziellos und unstet, ein Zugvogel, der
seinen Kompass verlor, unter sich nur das Meer,
wo ist nur das Land, sag', wo ist der Süden -
und erstmals wünsch' ich, ich wär' am Eismeer geblieben.

Entschieden

Entschieden, fertig, ausgetrunken,
balanciert und abgesunken,
durchgelesen, unterschrieben,
gedacht, gebrütet, hinterblieben.

Gefühlt, geliebt, verlor'n gegangen,
hochgerissen, abgefangen,
gekämpft, gewonnen, neu geboren,
ausgefochten, auserkoren.

Verirrt, verwirrt, verstört, verbittert,
ausgelöscht und abgesplittert,
abgeplankt, verwehrt, verkannt,
entfacht, verkohlt und abgebrannt.

Aufgestanden, weggegangen,
mitgefangen, mitgehangen,
entstellt, gelähmt und regungslos,
verblutet, einsam, nackt und bloß.

Versucht, verloren, schiefgegangen,
geräuchert, rein und abgehangen,
emporgekommen, abgestürzt,
verlängert, eingeseh'n, verkürzt.

Endlich meinen Weg erkannt,
verletzt und trotzdem nicht verbrannt,
frohgemut und tief berührt
zu Ende meinen Weg geführt.

Sag' es nicht, ich weiß es doch,
bist manchmal wie ein schwarzes Loch,
tückisch, leise, voller Kraft
und wartest, bis ein Stern sich selbstständig macht,
wenn Du Lust hast zu reden, dann sag' es -
Dein Blick ruht auf mir und ich mag es.

Träume fliegen, doch ich falle,
ich steh' in einer leeren Halle,
rufe nach Dir, doch höre Dich nicht,
es ist nur mein Echo, das zu mir spricht,
hab' ein unbändiges Ziel, doch begrab' es -
Dein Blick ruht auf mir und ich mag es.

Du kennst mich, obwohl ich mich tarne,
spielst gefährliche Spiele, obwohl ich Dich warne,
zeigst Deine Karten niemals her,
bluffst und nennst es dennoch fair,
fragst mich nach Vertrauen, ich hab' es -
Dein Blick ruht auf mir und ich mag es.

Hüll' mich ein und gib mich frei,
sag', es ist Dir einerlei,
ob morgen noch die Sonne scheint,
ob morgen die Torheit von heut' wird beweint,
sag' ehrlich, was Du denkst, ich vertrag' es -
Dein Blick ruht auf mir und ich mag es.

Ein bisschen

Ich liebe Dich, weißt Du es?
Ich brauche Dich, ahnst Du es?
Ich kann ohne Dich leben,
aber mit Dir lebte ich ein kleines bisschen sicherer.

Ich vermisse Dich, merkst Du es?
Es zerfrisst mich, siehst Du es?
Ich kann ohne Dich einschlafen,
aber mit Dir schliefe ich ein kleines bisschen ruhiger.

Ich verzehre mich, erkennst Du es?
Ich sehne mich nach Dir, begreifst Du es?
Ich kann ohne Dich aufwachen,
aber mit Dir erwachte ich ein kleines bisschen fröhlicher.

Ich sorge mich, weißt Du es?
Ich ängstige mich, ahnst Du es?
Ich kann ohne Dich sterben, aber mit Dir gelebt zu haben,
machte den Tod ein kleines bisschen erträglicher.

Vereinst so sorglos Gut und Böse,
machst allzu viel mir zum Geschenk,
stehst schweigend mitten im Getöse,
der Gegenwart stets eingedenk.

Metaphern, schwer und undurchsichtig,
ein Blick, so klar und transparent,
allmählich scheint es nicht mehr wichtig,
wie sich bloß der Moment benennt.

Du tanzt im Regen des Erlebten,
Manege ist der Tag davor,
bestürzt, da wir gemeinsam strebten,
verloren, da ich Dich verlor.

So heb' den Vorhang, bis das Licht
den Kelch der Blume ganz erreicht,
weißt Du denn jetzt noch immer nicht,
dass Sonne nicht die Farben bleicht?

Du sehnst Dich hoch ins Zirkuszelt,
hast nie noch die Balance geübt,
wie man am Seil die Stange hält,
hätt' fast die Freude Dir getrübt.

Mit Bravour und Geschick die Lösung gesucht,
mit Herz und Verstand sie gefunden,
vielleicht bei der Übung die Übung verflucht,
den Erfolg doch geseh'n in Sekunden.

Schatten

Unbesiegbar, unbeirrbar,
unverhohlen, hoffnungslos
legtest Du in Schrecksekunden
meine blanke Seele bloß.
Bandest gegen meinen Willen
die Hände mir mit Seide,
Du siehst mir zu und weidest Dich
am Anblick, wenn ich leide.

Entstellt, entrissen und entmachtet,
entblößt, enthauptet und entzweit,
das Herz als Horst für stille Zweifel,
tust anstatt wohl Dir selber leid.
Entwurzelt treiben lose Blätter
richtungslos im warmen Wind.
Du sehnst Dich in die Welt der Großen
und fragst, ob wir noch Kinder sind.

Verloren, verhalten und verängstigt,
verkümmert fast, verdammenswert,
Du siehst nicht mit geschloss'nen Augen,
weil Sonne Dir das Licht beschert.
Gehst meilenweit in meinem Schatten,
bist Lichtjahre von mir entfernt,
die Wahrheit ohne Scheu zu sehen, ist,
was der Schwache niemals lernt.

Ich hab' Dich viel zu sehr geliebt,
zu sehr versucht, Dich zu verdrängen
und wollte so sehr mein Gefühl für Dich
endgültig an den Nagel hängen.
Ich dachte, ich wär' frei von Dir,
sang im Geiste schon Abschiedslieder,
dann für einen Moment nicht aufgepasst
- da warst Du plötzlich wieder.

Phantom, lässt Du mich niemals los,
kann ich niemals mehr Dir entrinnen?
Ich kann mich fesseln, kann mich knebeln,
doch mir nicht versagen, Träume zu spinnen.
Ich wollte ein braves Mädchen sein,
ehrlich und aufrecht und bieder,
doch Du kommst einfach ungebeten
unaufgefordert wieder.

Kann dreh'n es und wenden, wie ich will,
ermahn' Dich im Kopf "Komm' mir bloß nicht zu nah".
Doch egal, wieviel am Spiel auch steht -
Phantom, Du bist schon wieder da.
Du warst ein Stein auf meinem Weg,
im Dunkel der Nacht ein strahlendes Licht,
so lade ich nun zum Bleiben Dich ein,
versprich mit nur eines: Verblasse mir nicht!

Nachgedacht

Ich habe nachgedacht.
Hätte ich vorausgedacht,
dann hätte ich jetzt vermutlich
keinen Grund dazu.

Ich hab' mir schöne Dinge vorgestellt.
Hätte ich mich mitten
in die schönen Dinge hineingestellt,
dann wären sie wahr geworden.

Ich habe vorgefühlt.
Das war dumm.
Hätte ich gleich richtig gefühlt,
dann hätte ich mehr empfunden.

Du hast mich enttäuscht.
Dafür bin ich Dir dankbar.
Denn hättest Du mich nicht enttäuscht,
säße ich jetzt noch der Täuschung auf.

Ich muss Dir entsagen.
Das ist schade.
Aber Du willst ja nicht hören,
was ich Dir zu sagen habe.

Weg mit Dir

Ich versuch', Dich abzuwaschen,
wegzuschrubben, doch ich weiß,
dass ein Teil von Dir bleibt haften,
ist das Wasser noch so heiß.

Ich versuch', Dich auszubügeln,
zu planieren, doch der Geist
Deiner Worte, er umschwebt mich,
es ist der Geist, der Liebe heißt.

Ich versuch', Dich zu negieren,
Dich zu leugnen, tausendfach,
doch ich weiß, würdest Du rufen,
ich würde immer wieder schwach.

Ich versuch', Dich zu begraben,
schütte Dich mit Erde zu,
und mit Steinen abzudecken,
doch Du jagst mich, Du, nur Du.

Ich versuch', Dich einzusperren,
werf' ganz weit den Schlüssel fort,
doch Du bist in meinem Schatten,
an jedem, wirklich jedem Ort.

Hab' selten allzu viel gedacht,
zu schnell gehandelt zumeist,
aber eines weiß ich ganz genau:
was Überschäumen wirklich heißt.

Hab' selten viel Geduld gehabt,
will alles und am besten jetzt gleich,
hab' Ziele nicht zu oft erreicht,
bin jetzt nur an Erfahrung reich.

Hab' selten nur ein bisschen geliebt,
ich hätte bezahlt mit dem Leben,
bis heute noch kein Wunder geseh'n,
doch ich weiß, es muss eines geben.

Hab' selten am Anfang schon gewusst,
wohin eine Sache sich wendet,
Intuition sagen manche, ich sage Gefühl,
zu ahnen, wie sie schlussendlich endet.

Hab' selten etwas dazugelernt,
guter Rat fällt bei mir meist auf Sand,
Traummännlein kommen zu mir in die Lehre,
bin selber stets Gast im Märchenland.

Mit mir zu leben ist sicher nicht leicht,
nur - wie könnte ich mich von mir trennen?
Drum lass' es doch gut sein, so wie es ist
und lass' meine Gedanken himmelhoch rennen.

Zart und zarter

Zart und zarter klingen Deine Worte,
weich und weicher siehst Du zu mir,
lieb und lieber hab' ich Dich täglich,
das wird bewusst und bewusster mir.

Fein und feiner werden die Sinne,
stark und stärker wird Dein Gefühl,
kalt und kälter wird dieser Winter
und mein Gewissen wird kühler und kühl.

Heiß und heißer drängt es mich weiter,
verrückt, verrückter machst Du mich,
süß und süßer ist zwar diese Laune,
doch das Ende wird furchtbar und fürchterlich.

Lockend und lockender zeigst Du mir Wege,
drängst forsch und forscher mich, sie zu geh'n,
hätte große und größere Mühe,
Dich nie mehr und niemals mehr wiederzuseh'n.

Dein Zweifeln wird stark und wird stärker,
Du verlierst und verlierst Deinen Mut,
warst einmal ein kämpfender Kämpfer,
doch verloschen, verglüht ist die Glut.

Nicht ich bin das feindliche Feindbild,
nicht ich bin der drohende Stich,
stehst selber und selbst Dir im Wege,
keine Angst, denn ich warte und warte auf Dich.

Märchenwald

Ich wünsch' mir einen Märchenwald,
wo Dein Schritt mir schon entgegenhallt,
ich höre es schon und geh' auf Dich zu,
denn wichtig bist und bleibst nur Du.

Ich wünsch' mir einen Märchenwald,
wo Freude durch das Dickicht schallt
und wo ich trotz der Blätter Kühle
mich sicher und geborgen fühle.

Ich wünsch' mir einen Märchenwald
und ich weiß, ich find' ihn bald,
wo Liebe blüht und Jubel wächst
und uns die Zauberfee verhext.

Indianertanz

Wie der Tanz der Indianer,
so kommt mir mein Leben vor,
sah ich gestern kein Problem,
heute stehe ich davor.

Und egal, was ich auch plante,
die Welt sieht heute anders aus
und über nebeligen Bergen
streckt Manitu die Hände aus.

Der Tanz, er schien mir altbekannt,
worauf ich gestern baute,
vom Richtungswechsel übermannt,
woran ich heut' noch glaubte,

ist mit einem Mal ganz anders,
gilt jetzt plötzlich nimmermehr,
auf der Suche nach der Lösung,
bei Tänzen ohne Wiederkehr.

Lass' einmal mich noch mit Dir wandern,
den Atem der Geister trinken mit Dir,
nimm' meine Ungeduld als Pfand an,
gib' sie zurück als Ruhe mir.

Im Rhythmus tanzen bunte Federn,
der Schein des Feuers flackert hell,
der Duft der taubenetzten Zedern
macht schwindlig und vergessen schnell.

Ich könnte sprechen mit den Wölfen,
der Adler käme zu mir her,
und wüsste, dass in meiner Welt
kein Problem unlösbar wär.'

Was ich damit sagen will

Ich würde gern so viele Dinge,
doch bisher fehlte mir der Mut
und meist sagt mir dann irgendwer,
dass man üblicherweise sowas nicht tut.
Aber ich möchte gern dreimal am Tag meine Gedanken zu Dir lenken
und was ich damit sagen will, das kannst Du Dir wohl denken.

Möcht' auf wilden Pferden westwärts jagen,
um die Wette galoppier'n mit dem Wind
und Fahnen nie wieder auf Halbmast tragen,
weil Fahnen ganz oben viel schöner sind.
Ich möcht' Dir gern, so oft ich kann, meine Zeit und Ruhe schenken
und was ich damit sagen will, das kannst Du Dir wohl denken.

Mag einen Wald spät nachts durchstreifen
und möchte versuchen, die Eulen zu seh'n
und mich verstecken im dunklen Gebüsch,
bis die Rehe ohne Zaudern vorübergeh'n.
Ich möchte gern zu jeder Zeit Deine durstigen Pferde tränken
und was ich damit sagen will, das kannst Du Dir wohl denken.

Ich möchte an schroffen Klippen stehen,
auf der Haut nur die rasende Gischt,
dort würd' ich einen Leuchtturm bauen,
dessen Licht erst nach einem Jahrtausend erlischt.
Ich möchte gerne, wenn Du schläfst, Deine bösen Träume versenken
und was ich damit sagen will, das kannst Du Dir wohl denken.

Ich möcht' in Deinen Gedanken blättern,
ganz vor und wieder zurück
und Dich inwendig auswendig kennen,
das wäre für mich dann das höchste Glück.
Ich möchte gerne, wenn Du zögerst, verlässlich sein wie Deine Bücher
und was ich damit sagen will, das weißt Du jetzt ganz sicher.

Ruhe in mir

Ich höre meine Seele atmen
und mein Gefühl tanzt mir davon,
die Zärtlichkeit in Deinen Augen
ist nun meines Bestrebens Lohn.
Nicht Jubel, der schmettert, nicht Überschwang hier,
sondern die ganze, die große und gute,
die richtig beschauliche Ruhe in mir.

Ich fühle meine Augen lächeln
und meine Seele, wie sie lacht,
die Wärme Deiner Redensarten ist,
was mich heute glücklich macht.
Nie wieder verloren, sondern ganz nah bei Dir
und die ganze, die große, die unendlich weite,
die endlos ersehnte Ruhe in mir.

Ich sehe Deine Sinne wandern
und ich bestärke Dich darin,
vertrau' mir nur, dass ich ab heute
auch stets in Deiner Nähe bin.
Nie wieder Zweifel, eine Einheit mit Dir
und dazu diese große, die restlos erfüllte
und zärtlich behutsame Ruhe in mir.

Wenn je Du Deine Kraft vermisst
und fühlst Dich ruhelos,
dann atme in Dein Herz hinein,
leg' Deine Seele bloß.
Ich kann doch nichts als Dir zu zeigen,
dass ich niemals zum Abgrund Dich führ'
und ich weiß, Du wirst glauben, hast Du erst diese große
und mühelos sichere Ruhe in Dir.

Liebe

Liebe, das Gefühl, das groß ist und weit,
Liebe, die Stolz nicht kennt, nur Heiterkeit,
Liebe, die weiter geht, als wir es denken,
ja diese Liebe will ich Dir schenken.

Hoffnung, die stark ist und schlaflose Nächte,
Hoffnung, die weiter geht, als ich es je dächte,
Hoffnung, die schwächer wird, doch nie verschwindet,
dies ist die Hoffnung, die mich an Dich bindet.

Schmerz, wenn man sieht, dass alles zerrinnt,
Schmerz, wenn sich der Vorhang zu heben beginnt,
Schmerz über das, was ich so sehr ersehne,
Schmerz, der vergeht, wenn geliebt ich mich wähne.

Liebe, die Kontinente verbindet,
Liebe, wenn einer den anderen findet,
Liebe, so groß und so unsagbar tief,
dies sind die Geister, die hoffend ich rief.

Glück, dieses wilde, unsägliche Pochen,
Glück, das taumelnd und schwach bringt zum Kochen,
Glück, wenn wir beide gemeinsam dann fallen,
schaukelnd und bebend und gelöst von allem.

Lass mich nicht alleine

Kratz' mich, beiß' mich, brüll' mich an,
morgen oder irgendwann,
lass' mich Deine Launen sehen,
klirrend kalten Nordwind wehen,
wenn's sein muss, spring' mir ins Gesicht,
verbirg' mir Deinen Ärger nicht.
Was immer geschieht, versprich mir das eine:
Lass' mich nur heute Nacht bloß nicht alleine.

Lass' mich für Dich ein Luftschloss bau'n,
lass' mich für Dich nach Feinden schau'n,
ergib Dich nur, wenn ich Dich fange,
wehr' Dich, aber nicht zu lange,
lass' mich meinen Sieg genießen,
vor Lachen meine Tränen fließen.
Was immer Du tust, versprich mir das eine:
Lass' mich nur heute Nacht bloß nicht alleine.

Sei Bruder mir, Geliebter, Freund
und zeig' mir, wie man richtig träumt,
beschütz' mich, wenn ich traurig bin
und nimm auch meine Launen hin,
versteh' mich auch, wenn still ich schweige
und halt' mich, geht der Tag zur Neige,
versuch' nicht zu begreifen, warum ich jetzt weine,
lass' mich nur heute Nacht bloß nicht alleine.

Eine Sekunde

Ich habe gestern für eine Sekunde
in Deinen Augen den Prinzen geseh'n.
Er sagte zu mir "Ich bring' Dir die Kunde,
alles wird so, wie Du willst, gescheh'n."
Doch dann war er plötzlich verschwunden,
und Du, Du warst so real,
ich weiß nicht, was ich dafür gäbe,
säh' ich den Prinzen noch ein einziges Mal.

Ich habe gestern für einen Moment
in Deinen Augen den Teufel geseh'n,
er sagte zu mir "Du weißt, was kommt.
Du musst eine Prüfung jetzt besteh'n".
Doch dann war er plötzlich verschwunden
und Du, Du warst plötzlich so echt.
Ich weiß nicht, was ich dafür gäbe,
wenn mich der Teufel nie wieder ansprechen möcht'.

Ich habe gestern für eine Sekunde
an Deinen Händen den Bettler erkannt.
Du bettelst und stiehlst mir beständig
mein Herz, bis es eines Tags unbemannt.
Doch plötzlich war der Bettler verschwunden
und Deine Hände, sie schenkten zurück,
ich weiß nicht, was ich dafür gäbe,
könnt' ich es halten, dies' winzige Glück.

Endlich

Lass mich treiben, fühl' mich gut,
ich will Dich mir einverleiben, drum sei besser auf der Hut,
denn mein Gefühl ist riesengroß, Liebe, sie wächst täglich,
ich lass' Dich vielleicht nie mehr los, denn das, was war, war kläglich.
Wenn es das ist, was Du willst, Du, das kannst Du haben,
ich setz' mich unter'n Weihnachtsbaum als größte aller Gaben.

Du, das ist ein Liebesbrief, kann endlich wieder dichten,
vergess' die Geister, die ich rief, sie stören mich mitnichten.
Und langsam geht's mit mir bergauf, das spür' ich immer besser,
mach' mit mir ein Flascherl auf - und wenn Du willst, auch ganze Fässer.
Die Schatten dieser letzten Wochen lasten nicht mehr allzu schwer,
ich würde ja noch nicht d'rauf pochen, doch so sehr schmerzt es nimmermehr.

Das hast Du für mich bewirkt, das hast Du für mich getan,
was das Leben in sich birgt! Ich dachte, vielleicht irgendwann
bin ich imstande zu vergessen und imstande zu verzeih'n,
doch es ist nicht zu vermessen, ich weiß, ich muss es nicht bereu'n.
Die Entscheidung, sie war richtig, mein Entschluss war gut und wahr,
das, was war, nicht mehr so wichtig, jetzt ist es mir sonnenklar.

Wart' auf Dich und lehn' am Fenster, hör' die Autos fahr'n vorbei,
seh' nicht länger die Gespenster, jetzt ist alles einerlei.
Mit Dir abends einzuschlafen, gibt ein sicheres Gefühl,
ich liebe meinen neuen Hafen, sei zu mir bitte niemals kühl,
denn mit Dir morgens aufzuwachen, ist das Schönste, was es gibt
und - unter all den and'ren Dingen - zu spüren, dass man wieder liebt.

Mancher Tag ist grau in grau,
obwohl die Sonne scheint,
manchen Tag sehn' ich mich so,
obwohl nichts nach Dir weint.
Manchen Tag erwarte ich
mit Spannung Deine Stimme,
doch wenn Du endlich zu mir sprichst,
dann seh' ich Korn und Kimme.

Mancher Tag wird regnerisch,
obwohl die Hitze glüht,
ich seh' Asphalt an manchem Tag,
obwohl es um mich blüht.
Manchen Tag will ich Dich halten
und mit Dir sein die ganze Zeit,
doch Du sagst nur "Lass' Gnade walten",
ich weiß, Dein Weg ist weit.

Manchen Tag, da hass' ich sie
und weiß doch nicht, warum,
ich brauch Dich dringend, sie Dich nie,
doch weiß ich, Du bleibst stumm.
Manchen Tag schmeckt jedes Wasser
schal und leer wie Brühe,
manchen Tag, da frag' ich mich,
was bringt mir all die Mühe?

Manchen Tag, da fühl' ich
Zorn und Hass und Schmerz in mir,
Dein Schweigen trifft mich wie ein Sporn,
sag', wärst Du gern bei ihr?
Manchen Tag, da wünsch' ich mir,
ich würde Dich nicht kennen
und manchen Tag will ich so sehr
mein Glück beim Namen nennen.

Schwach

Machst mir Deine Pforten zu,
verschließt mir Deine Seele,
verschanzt Dich hinter Ängstlichkeit,
aus Angst, dass ich Dich quäle.

Will rütteln jetzt an Deinen Türen
und suche nach dem Schloss,
ich will Dich in die Sonne führen
auf meinem glänzend weißen Ross.

Will Dir den wahren Atem schenken,
Dir zeigen, was der Morgen kann,
doch kann nicht die Gedanken lenken,
mein Wort kommt unverstanden an.

Dring' mit mir tief ins Labyrinth,
dann zeig' ich Dir den Weg ins Licht,
Du kennst Gefühle nur im Dunkeln,
doch die der Sonne kennst Du nicht.

Ein Spitzensportler ohne Trainer,
im Fünfkampf unbesiegbar schnell,
und doch im Nahkampf bist zu jener,
der stets verwechselt bunt mit grell.

Lass' endlich los, was Dich belastet,
lass' endlich geh'n, was Dich erdrückt,
wenn, statt zu geh'n, man ewig hastet,
dann sieht man nichts, wenn man sich bückt.

Kranich, such' nach Deinem Süden,
Kranich, finde Deinen Weg,
fliegst ohnehin, wohin Du willst,
auch wenn ich Hindernisse leg'.

Kranich, Du kennst die Bestimmung,
jedes Mal der selbe Ort,
und so wie die Natur es will,
fliegst Du auch immer wieder fort.

Kranich, weitaus schöner wär' es,
bliebst Du, wo die Sonne ist,
bautest Dir den einen Horst,
wo Du die Wärme nie mehr misst.

Doch Kranich, gegen Deinen Willen
hilft auch kein gut gemeinter Rat,
denn jeder folgt dem einen Ziel,
das er vor seinem Auge hat.

Kranich, komm' und wink' noch einmal,
später sieh Dich nicht mehr um,
denn je mehr ich sagen könnte,
desto eher bleib' ich stumm.

Kranich, Kranich, ich bin einsam,
seit Du das Land verlassen,
hab' mich von Deinem Lebensmut
wohl doch nur blenden lassen.

Dunkelblau

Ausgefegt und leergeräumt,
Abschlussfristen längst versäumt,
Ausschussware, abgelaufen,
Illusionen zu verkaufen,
Winternacht mit Tiefdruckfront,
ob es sich zu wünschen lohnt?
Droge ohne Beipacktext,
ausgehöhlt, verdammt, verhext!
Kreise ohne Radius,
Kehre ohne Umkehrschluss,
dunkel, dunkel, dunkelblau,
Dämmerung macht Katzen grau.
Mephisto hindert mich am Lachen
und heißt mich, alles falsch zu machen.
So sehr ich mir Askese schwör',
schenkt meine Seele Wünsche her.
Warum, warum schickt mich das Leben
auf undurchdringbar steilen Wegen,
ohne mir ein Ziel zu nennen?
Will rennen, meine Freiheit kennen!
Doch eingeschnürt in die Corsage
gerät doch nur das Blut in Rage.
So lass' mich sein, wie ich es kann,
auch unbesiegbar, dann und wann,
sonst käme es in meinen Sinn,
dass ich - und nimm es bitte hin -
vor Augen nur den Hauptgewinn,
auch dunkelblau noch strahlend bin.

Zwei

Ihr könnt gar nicht ahnen, wie gut es mir tut,
wenn Euer zärtlicher Blick auf mir ruht.
Ihr habt mir gelernt, zu geben, vertrauen,
Brücken zu schlagen, Häuser zu bauen,
Grenzen zu sprengen, Dämme zu brechen.
Ihr habt mich gelehrt zu gehen, zu sprechen,
ohne Euch wäre ich heute nicht, was ich bin,
drum seht nur genauer und aufmerksam hin.
Denn was ich bin, verdank' ich Euch beiden
und jeden Schmerz würd' ich gern Euch vermeiden.
Ich liebe Euch beide von ganzem Herzen,
ihr wart es, die wachten über Fieber und Schmerzen,
mich liebevoll führtet, mich kundig gelenkt,
ihr wisst, meine Liebe beweist kein Geschenk.
Ohne Euch würde ich Gut und Böse nicht trennen,
würde keine Tiere und Waldblumen kennen,
ich könnte nicht schreiben und könnte nicht kochen,
mich nicht richtig entscheiden, darauf könnt ihr pochen.
Ich danke Euch innigst für alles und jedes,
gehe jetzt meinen Weg, ich hoff', ihr versteht es.
Behaltet mich dennoch wie bisher im Auge,
ihr zwei seid die Besten, das weiß ich und glaube,
ihr sagt mir auch künftig, ob mein Weg ist ein guter,
ich liebe Euch dankbar, Vater und Mutter.

Lachen - die überwältigende, übersprudelnde, nicht inne zu haltende Lust, ein aufkeimendes Glücksgefühl, einen Moment des Jubels aus dem Herzen in den Kopf wandern zu lassen.

Lächeln - der Versuch zu beruhigen, zu versöhnen, zu beschwichtigen, wohl und gesinnt zu stimmen, ohne Worte zu sprechen, eine Brücke zu schlagen und darauf einen Gedanken tanzen zu lassen.

Schmunzeln - ein bisschen verinnerlicht, ein bisschen mitteilsam, ein winziges bisschen triumphierend vielleicht die Umgebung an der Nase herumführen, aber den Grund nicht preisgeben.

Sinnieren - verschwommen einen nicht existenten Punkt im Auge und einen anderen, sehr wohl existenten Punkt in Gedanken, abwägend, abwartend zerlegen und wieder neu zusammenbauen.

Seufzen - eine nicht sichtbare, aber nur allzu deutlich fühlbare Last ausatmen und neue Kraft einatmen, ein kleiner Laut, der einen schweren Moment ein kleines bisschen erträglicher macht.

Weinen - eine quälende Trauer nicht mehr anders zu beheben wissen, als dem drängenden Kloß zwischen Seele, Herz und Kopf endlich freie Bahn zu geben, es nicht mehr behindern, sondern loslassen, zulassen, freilassen.

Und den ganzen Weg wieder zurück, jeden Tag, jedes Mal, noch viele Male, ein ganzes Leben.

Irgendwann

Geduld, verbunden mit Hoffnung,
dass eines zum anderen führt,
Sehnsucht, verbunden mit Liebe,
die täglich das Feuer noch schürt,
irgendwann gibt es die Chance,
die jedem im Leben passiert,
was einmal geklappt hat, klappt wieder,
weil man auch nicht nur einmal verliert.

Ich muss Dich zu den Akten legen
und Dich entsorgen aus dem Kopf,
brauch' dennoch nichts, was mich erinnert,
in keinem Taschentuch ein Knopf.

Der Weg, den wir gemeinsam gingen,
war kurz und knapp und intensiv,
seit damals denk' ich an Dein Lachen,
ob ich nun wachte oder schlief.

Du kommst und gehst in den Gedanken,
mal bleibst Du länger, manchmal nicht
und was im Kopf sind Illusionen,
wär' in der Wirklichkeit die Pflicht.

Erinnerung im Kofferraum
der Lebenslimousine,
verschlossen, niemand kennt den Traum,
Bergbau der Visionenmine.

Phantom in meinem Unbewussten,
Floh in meinem Ohr,
vielleicht, denk' ich, hat's sogar Sinn,
dass ich Dich nie bekam - und dafür nie verlor.

Du bist der Prinz vom Märchenbuch,
der edle, tapf're Ritter,
ich treff' Dich dann auf Wolke sieben,
tröst' mich inzwischen mit Söhnen and'rer Mütter.

Herz

Unerfüllte Liebe
ist die fixe Vorstellung,
jemandem sein Herz schenken zu wollen,
der es eigentlich gar nicht will.

Eine Rose für Dich

Ein neuer Versuch, eine neue Idee,
doch vielleicht tut's bald schon wieder weh,
aber ohne es zu wagen,
kann man es nie sicher sagen,
ob am Ende wieder steht,
dass der Schuss ins Leere geht.

Fata Morgana heißt das Ziel,
will es jetzt und will so viel,
aber nur der Schritt nach vorne
bringt ans Licht der Rosen Dorne.
Schöne Blume, tiefer Stich,
Blut unsichtbar, schmerzt fürchterlich,
nur wer bereit ist, Schmerz zu leben,
findet Ruhe nach dem Streben.

Wie lange es dauert, egal, wieviel Zeit,
bin ich noch immer zu leben bereit,
doch einer Blume, der schönsten von allen,
werde auch ich als Beschenkte gefallen.
Und seh' ihre Schönheit auch nur ich -
was zählt ist der Duft und nicht der Stich.

Vielleicht der größte aller Fehler, vielleicht der allergrößte Flop,
damals hab' ich Dich vermieden, es war weit mehr als ex und hopp
und doch vielleicht die größte Chance, die das Leben einmal gibt,
ein bisschen Dich mit meinen Augen, zu sehr Dich mit dem Herz geliebt.
War damals stark und unerbittlich und vielleicht fehlte mir der Mut,
erst jetzt kenn' ich die größte Lüge: Es wird alles wieder gut.

Belog mich selbst und alle ander'n, mein Gott, was hat es mir gebracht?
Es war kaputt und war vollkommen, ich hab' geweint und hab' gelacht.
Ich stand mit Dir am hohen Gipfel, fiel umso tiefer irgendwann,
hab' viel zu spät es erst bemerkt, was viel zu unbemerkt begann.
Die Zweifel werden sich nicht geben, nur was sich gibt, das ist die Wut
und mittlerweile steht es fest: Es wird niemals mehr wieder gut.

Und wenn ich um Verständnis bat und mir Geduld erhoffte,
bemerkte ich, wie bitter war das Süppchen, das ich kochte,
mit Dir hätt' es mir wohl geschmeckt, das fertige Gericht,
zum Essen freilich Dich zu laden, getraute ich mich nicht.
Wer weiß, wie lange sie noch glüht, die nie verlosch'ne Glut,
nur irgendwann - drum bete ich - wird's still zumindest,
wenn nicht gut.

Ungeduld

Ich möchte wissen, ob es passiert,
und zwar, bevor ich zerbreche,
ich möchte wissen, wer diesmal verliert,
wer trinkt und wer zahlt die Zeche?

Ich möchte wissen, was es bedeutet,
wenn Du mich ansiehst wie eben,
wenn Deine Hand die meine nimmt,
werd' ich mich wieder ergeben?

Ich möchte wissen, wie lange es dauert
und ob ich zu unachtsam bin,
ich möchte wissen, wer wem jetzt auflauert,
wer steht draußen und wer mittendrin?

Ich möchte wissen, ob es zu viel ist,
was ich jetzt von Dir verlange,
und ob ich Halt find', wenn nötig,
und ob ich beim Fallen mich fange.

Ich möchte wissen, ob es wieder ein Traum ist,
der bald in den Albtraum sich wandelt
und möchte wissen, ob bei dem, was Du fühlst,
es sich sicher um Liebe nun handelt.

Märchen

Niemand weiß es, niemand fühlt es,
doch ich bin nicht wirklich hier,
sehne mich in Deine Arme,
sehe stets Dein Bild vor mir.
Liebe, unerfüllt und leise,
Sehnsucht, drückend, riesengroß,
Träume schleichen in Gedanken,
wie werd' ich Dich wieder los?

Kann Dir nicht mein Herz versperren,
kann nicht leugnen, was ich spür',
Euer Unverstand bleibt draußen,
schließ' ich hinter mir die Tür.
Dann bist Du mir umso näher,
dann erst weiß ich, es ist schlimm,
dass, so sehr ich es auch wünsche,
ich im falschen Märchen bin.

Kann und will mich nicht beklagen,
habe mehr noch, als ich brauch',
doch worauf ich wirklich brenne,
hab' ich nicht und brauch' ich auch.
Deine Schulter nachts beim Schlafen,
Deine Stimme unter Tag,
Deine ganze Liebe ständig,
wär', was ich nur wünschen mag.

Ich seh' in Deiner Liebe trauriges Gesicht,
nur eines muss ich sagen, versteh'n kann ich Dich nicht,
Du raubst mir meine Sinne und raubst Dir den Verstand,
nimmst mich für bare Münze, doch niemals an der Hand.

Ich höre Deiner Liebe traurige Gedanken,
nur wenn ich daran denke, beginne ich zu wanken,
Du resignierst und steinigst Dich, egal, wie es Dir geht,
und weißt es ohnehin genau, dass ich es bin, die zu Dir steht.

Ich fühle Deiner Liebe trauriges Bekenntnis
und spür' in Deinem Abschied ein ehrliches Geständnis,
doch Deine Lippen sind versiegelt und ganz gleich, warum,
weiß ich, dass eines Tages Du das Richtige wirst tun.

Ich rieche Deiner Liebe traurigen Geruch,
wann immer ich Dir nah' bin, ist zwischen uns ein Tuch,
das ahnen lässt, doch sicher trennt, was es zu trennen gibt,
vergiss den Schein, lerne jetzt, wie man mit dem Herzen liebt.

Wie man den Mond zum Lachen bringt

Der Mond, er macht heute ein ernstes Gesicht,
den Grund seiner Zweifel, ich kenne ihn nicht,
zieht fröstelnd hellgraue Schleier an sich
und sendet sein zweifelndes Zwinkern an mich.
Ich weiß, er kann lachen, doch tut er es nicht,
ein betrüblicher Ausdruck in blassfahlem Licht.
Ich setz' mich nieder, warte still, ob er mir etwas sagen will,
er wendet sich mir zu und spitzt die Lippen an:
"Gib acht, mein Kind und merke auf, damit ich zu Dir sprechen kann.
Weißt Du, was mich traurig stimmt?
Der Herbst die Menschen gefangen nimmt!
Jeder sehnt sich nach der Sonne, vermisst ihr helles Strahlen
und schließt die Augen dann mit Wonne, sich in ihr zu aalen.
Das macht mich betrübt und nimmt mich gefangen,
über mich sagt man nur "Er ist auch aufgegangen".
Doch keiner vermisst mich, denn ich kann nicht strahlen,
kann nur Nächte erhellen, mit meinem Schimmer, dem fahlen."
Ich hör', was er sagt und werde ganz still
und plötzlich erkenn' ich, was hören er will.
"Ohne Dich wär' es finster und beängstigend hier,
bist von großer Bedeutung, das sage ich Dir".
Ein Lächeln funkelt plötzlich hell, die Schatten zieh'n zur Seite,
die Falten auf der Stirn verschwinden, das Lachen drängt in die Breite.
Silbrig schaut er sanft hernieder, liebevoll und mild,
entspannt sich, scheint wie weggeblasen, was vorher schien so wild.
Da seh' ich es, er spitzt die Lippen, setzt an und dann - er singt!
Soviel zu der wahren Geschichte, wie man den Mond zum Lachen bringt.

Kettenhund

Bin wie ein Hund an einer Kette und laufe mit meiner Vernunft um die Wette, doch irgendwann, dann schneiden Ketten in meinen Hals, ich weiß, sie hätten doch nur zum Zweck mich zu bewahren vor unausweichlich großem Schaden, den ich dort draußen sicher fände, und doch, ich weiß, mein Blick spricht Bände, einmal nur laufen ohne Ziel, Hasen jagen, wie ich will, stöbern, schnüffeln, atemlos, doch ich weiß, ich kann ja bloß träumen von der Außenwelt. Den Hof zu schützen ist, was zählt.

Ich weiß, ich soll vernünftig sein, "Lass keine fremden Menschen rein", ist, was mir oftmals wird geschafft. Ich spür', wie überschwänglich Kraft und Übermut in mir erwächst, still und ganz geheim zunächst. Doch irgendwann, da könnt ihr wetten, da sprenge ich die engen Ketten, lauf' über Felder, erst ängstlich und scheu, doch dann immer schneller und alles ist neu. Ich sehe den Rehen beim Äsen zu und denke noch kurz an Dich, wie Du verwundert vor der Kette stehst, Dich suchend dann im Kreise drehst.

Doch ich bin fort, das Tor steht offen. Du schüttelst den Kopf und ich kann nur hoffen, dass Du begreifst, was es bedeutet, wenn in mir der Jubel läutet - der Jubel und der Überschwang. Und bin ich müde, leg mich dann in den Schatten und ich träume, ich wär' ein Hund an einer Kette und liefe mit meiner Vernunft um die Wette .....

Gretchen

Ich weiß, ich kann nicht von Dir lassen und krieg' ich Dich auch nie zu fassen, so fühl' ich dennoch fast wie Du und denk' zurück an meine Ruh', die, seit Du mir begegnet bist, für alle Zeit vorüber ist.
Wie schon das Gretchen es erkannte, niemals ein Feuer heller brannte und Unruh' treibt mich umso weiter. Ich suche nach der Himmelsleiter, die dorthin führt, wo ich Dich finde und endlich mich dann an Dich binde. Es stört uns nichts, was hier auf Erden als Mühsal gilt und als Beschwerden, die dann dort oben nicht mehr gelten
inmitten samtig blauer Welten, die leise summen, dunkel beben, dort endet glücklich mein Bestreben. Nicht Todessehnsucht, die mich treibt, der Wunsch doch unerfüllbar bleibt, solange wir den Bund nicht schließen. Lass es mir dennoch nicht verdrießen,
denn einmal weiß ich ganz bestimmt, Dich dann mein Licht gefangen nimmt und Dich umschließt mit zarter Wonne, fernab der gleißend hellen Sonne. Dort, wo die Pein uns lächeln macht, in wohlig-schwarzer Mitternacht. Ich weiß, ich brauch' Dich täglich mehr
und niemals gäb' ich Dich mehr her, so wart' ich weiter und ich denke an Goethe's Faust, sodann ich lenke mein Denken zu dem Jetzt und Hier. Kann's kaum erwarten und ich spür', wie ich Dir täglich näherkomme, obgleich, ich mag die helle Sonne. Und darum füg' ich mich dem Leben, erkenne Dich an diesem Beben und weiß doch, unser Tag wird kommen,
Du hellste aller Lebenssonnen.

Ellipse

Stellst Dein Gerümpel bei mir ab
und fragst, ob es mich stört,
die Seele dient als Müllplatz nicht,
hast Du davon noch nie gehört?

Ich wünsch' mich in ein Labyrinth,
weit weg aus Deinen Pranken,
doch Du, Du brennst nur gnadenlos
eine Ellipse in meine Gedanken.

Drängst Deine Welt in meinen Kopf
und zwingst mich, umzudenken.
Ich komm' allein schon ganz gut klar,
kannst Du mir Dein Verständnis schenken?

Wünsch' mich in einen Zauberwald,
wo nur schöne Gewächse sich ranken,
doch Du, Du brennst nur gnadenlos
eine Ellipse in meine Gedanken.

Ohne Anfang, ohne Ende
nimmst Du, was mir gehört,
seh' keinen Ausweg, mach' kaputt,
was in mir drin schon längst zerstört.

Wünsch mich ins Land der Schwerelosen,
brauchst mich nur, um nicht wieder zu wanken
und Du brennst weiter gnadenlos
eine Ellipse in meine Gedanken.

Achterbahn

Mein Herz rast eine Achterbahn,
bin wieder mal allein
und bin es so unsagbar leid,
zu zweit mit Dir allein zu sein.

Hinter den Schläfen kocht das Blut
und meine Hände beben,
den Drang zu laufen, schürt die Wut,
will nicht vorbei am Leben leben.

Die Unrast pflastert meinen Weg,
das Phlegma pflastert Deinen,
ich leg' die Latte höher Dir,
den nah' ich ließ wie keinen.

Ich lese nach in tausend Büchern
und hol' mir der Zigeuner Rat,
ich zahlte Gold und Edelsteine
dem einen, der die Lösung hat.

Ich suche nach Vollkommenheit
und Du suchst mein Gewissen,
Du schliefest auch auf kaltem Stein,
ich nur auf weichen Kissen.

Und Sauerstoff füllt meine Lunge,
warum schnürt es mich ein?
So lass' mich los, ich komm' zurück,
kann ich erst völlig sicher sein.

Flamingos im Schnee

Palmen im Regen,
Flamingos im Schnee,
der kleinen Sonnenblume tut
die grelle Sonne plötzlich weh.

Die Macht wird zur Ohnmacht,
gelähmt statt gestärkt,
anstatt sie zu wärmen,
welkt sie fast unbemerkt.

Der Bergsee braust tobend,
das Bächlein rast wild,
in Deinen Augen die Ferne,
gestern blickten sie mild.

Feuersglut reißend,
steh' hilflos davor,
hab' das Streichholz vergessen,
obwohl ich Vorsicht mir schwor.

Das Gewitter schickt drohend
die Wolken voran,
obwohl der Wetterhahn lachte,
als ich näher Dir kam.

Die Nachtigall versucht,
auch den Tag zu beschwör'n,
doch in Wahrheit will jeder
die Lerche nur hör'n.

Geliebter

Geliebter, ich sei Deine Brücke,
die jeden Sturm noch überlebt
und zitterst Du, sei ich die Krücke,
die stetig Deine Schritte hebt.

Geliebter, ich sei Dir der Regen,
der jedes Grau verblassen lässt
und träumst Du schlecht, dann halte ich
auch schlafend Deine Hände fest.

Geliebter, lass' mich in Dir wohnen,
schenk' mir Vertrau'n in vollen Maßen,
ich werd' es hundertfach Dir lohnen,
Du musst mich's nur beweisen lassen.

Bin da für Dich und Deine Sorgen,
Geliebter, sag' mir, was Du denkst,
zu schade wär', wenn Du Probleme
wie Mäntel in den Kasten hängst.

Geliebter, alle meine Wege,
führen zu Dir, wenn Du mich lässt,
nicht ausprobierst, wie weit Du geh'n kannst,
halt' Dich an meiner Schulter fest.

Schenk' mir den Schlüssel, gib mir Zutritt,
lass' hell und dunkel mich erspäh'n,
nur dann kann ich, wie ich es wünschte,
mit Dir in eine Zukunft seh'n.

Danke

In Deiner Hand liegt mein Bestreben,
in Deiner Stimme meine Kraft,
für Dich lohnt es für mich zu leben,
wie hätt' ich's ohne Dich geschafft?

In Deinem Herzen kann ich spielen,
in Deiner Gegenwart beschützt,
sag', dass sich hieran nichts mehr ändert,
selbst wenn die Stimmung sich erhitzt.

Die Zuversicht in Deinen Augen
so wunderbar der Nähe weicht,
die unauslöschlich unermesslich
ans Ende und noch weiter reicht.

Ich atme Deine ruhige Sanftheit
und trinke Deine stille Glut,
Du bist der Pfad in meinem Dschungel,
Du weißt, worauf Vertrauen ruht.

Drum lass' uns leben immerfort,
als wäre es der letzte Tag,
auf diesem Weg nimm' meine Liebe:
Nimm' schriftlich, wie sehr ich Dich mag.

Näher

Ich möcht' Deinen Kopf in- und auswendig kennen,
möcht' jedes Ding in Deiner Sprache benennen,
will dann, wenn Du schweigst, nicht gegen Mauern anrennen,
ich lieb' Dich und will näher zu Dir.

Ich vertrag' alles besser als das Schweigen davor,
erleb' die Hitze danach, wenn zuvor ich erfror,
halt' mich fest, wenn ich fürchte, dass ich Dich verlor,
sag', Du liebst mich, willst näher zu mir.

Sprich mit mir, sag' mir, was immer Du denkst,
wenn verbittert, verbohrt Deinen Wagen Du lenkst
und die schäumenden Pferde nicht mehr erfängst,
lass' mich helfen, komm' näher zu mir.

Gib mir hundert Prozent, Du kriegst tausend dafür,
dräng' nie mehr mich aus der geöffneten Tür,
für die Ewigkeit schenk' ich Unendlichkeit Dir,
lass' mich näher, noch näher zu Dir.

Mit Dir lern' ich erstmals, den Menschen zu lieben,
von Stärken beseelt, von Schwächen getrieben,
versprich' es mir endlos für hier und für drüben,
dass Du näher kommst, näher zu mir.

Herzschlag

Ich bin der Herzschlag und das Leben,
der Überschwang, die Fröhlichkeit
und weiß, es wird sich nie ergeben,
dass Dein Entschluss Dich je gereut.

Ich bin zu Deinem Herz die Ader,
versorge Dich mit Lebensblut
und halte Deinen Rhythmus wach,
ich bin der Wille und der Mut.

Ich bin für Dich das Wohlbefinden,
bin Stolz für Dich und bin das Glück,
nimm' tollkühn an, was ich Dir biete
und gib mir nichts davon zurück.

Ich bin das Heute und das Morgen,
ich bin der Tag und bin die Nacht,
in meinem Arm bist Du geborgen,
an meiner Schulter ruhst Du sacht.

Ich bin für Dich die Zuversicht,
die Kraft und auch die Stärke,
in Deiner Ruhezeit die Nacht,
hast Du wirklich geglaubt, dass ich's nicht bemerke?

Danke, dass Du zu mir stehst,
wegen mir die Welt verdrehst,
meine Sorgen miterlebst,
mit mir die gleichen Träume webst.

Dank' dafür, dass es Dich gibt,
der so bedingungslos mich liebt,
hab' Dank für Deinen Löwenmut,
der stark Dich macht und reich und gut.

Für jedes Lachen dank' ich Dir,
gibst Rückhalt, Heimat, Ruhe mir,
ich dank' Dir, dass Du zu mir hältst,
für mich den Globus senkrecht stellst.

Lässt Flüsse für mich aufwärts fließen,
aus Tannenbäumen Blüten sprießen,
bist der, in dem die Eintracht weilt
und der mir jede Wunde heilt.

Du hüllst mich ein, so wohlig weich,
setzt Ungleichungen für mich gleich,
Du schreibst für mich ein Happy End,
wo der Prinz schon die Prinzessin kennt.

Verwirfst mir Trauer, Zukunftsangst,
nur Mögliches mir abverlangst,
der Tränenfluss fortan versiegt,
ich danke Dir, dass es Dich gibt.

Prinzessin

Ich bin ein Typ zum Pferdestehlen
und doch pedantisch und adrett,
bin die Prinzessin auf der Erbse,
doch mache nie mein Himmelbett.

Hab große, derbe Wanderschuhe,
trag' Baumwollhosen oder Cord,
beweg' mich auch in High Heels sicher
und Golf ist fast mein Lieblingssport.

Hab' keine rotlackierten Nägel,
denn das passte nicht zu mir,
hab' dennoch Schliff und hab' Manieren
und trink' lieber Chablis als Bier.

Bin einerseits ein kleines Dummchen
und and'rerseits besonnen und ernst,
Du sagst zu mir "Du musst lernen zu schummeln,
und achte darauf, dass sehr bald Du es lernst".

Ich tuckere meist in geregelten Bahnen,
fast wie ein Zug auf sicheren Weichen,
doch bin ich furchtsam, man könnte mich dann
am ehesten mit einem Maulwurf vergleichen.

Bin schwarz und weiß, bin Tag und Nacht,
Salz und Pfeffer, groß und klein,
es gibt kein Handbuch, das mich erklärt
und auch ich lerne täglich, ich selber zu sein.

Blutrot

Blutrot gefärbt und kalkweiß lackiert,
am Morgen ganz sicher, am Abend verwirrt,
am Abend schon planlos, am Morgen verirrt,
die Blüte verschließt sich, wenn man sie berührt.

Ein Wort, die Maschine setzt sich in Gange,
wär' lieber der Apfel als ewig die Schlange,
ich glaubte, ich kenn' Dich, ich kannte Dich lange,
am Ende stehen wieder die Angst und die Bange.

In Rosa getaucht, von Perlmutt benetzt,
steh' am Ende als jene, die sich widersetzt,
von Hunden getröstet, von Hyänen gehetzt,
hast Du jemals bemerkt, dass Dein Trost mich verletzt?

Deine Sorgfalt umhüllt nicht, sie stört und sie sticht,
gehst so lang' zum Brunnen, bis auch mein Krug zerbricht,
drängst alles in Bahnen, nur mich drängst Du nicht!
Du liebst mich nicht selbstlos, sondern stolz und erpicht.

Lass los und gewähr', dass ich meine Bahn finde,
siehst heut' mich wie damals, als haltloses Kinde,
schlägst vom Baum Du nur achtlos die nährende Rinde,
meine Hände gefesselt, mich hält Dein Gewinde.

Mein Weg ist nicht Deiner, ein anderer Plan,
doch legt Dein Bemühen mein Bestreben stets lahm,
wusstest immer die Antwort, wenn ohne Frage ich kam,
mein Trabant auf der Suche nach der eigenen Bahn.

Blutrot gefärbt und kalkweiß gestrichen,
der Perlmuttglanz beinahe verblichen,
die Luft aus dem Schlauchboot beinahe entwichen,
mit heutigem Tag ist die Kindheit verstrichen.

Der Bär

Wenn große Grizzlybären tanzen, die Schwerkraft einfach unter sich,
und sich auf ihre Tatzen stellen, dann dreht die Welt noch lange sich.

Wenn starke Silberlöwen schauen ins Tal zu ihren Füßen,
dann kannst Du wirklich sicher sein, dass wir nicht gehen müssen.

Wenn dann der Puma näherkommt und kritisch Dich beäugt,
dann sei ganz still, beweg' Dich nicht, bis er vor Deinem Mut sich beugt.

Wenn flinke Gämsen aufwärts laufen, gefolgt von Hochlandschafen,
dann musst Du Dich nicht ängstigen, dann kannst Du ruhig schlafen.

Wenn Auerhähne fröhlich balzen, auf satten, grünen Wiesen,
dann muss es Dir nicht bange sein, dass jetzt vielleicht wir gehen müssen.

Wenn dann der Luchs mit hellen Augen nach Hochlandschafen schaut,
dann ist noch immer alles möglich und seine Zukunft nicht verbaut.

Nur wenn der schlaue Wolf sich fragt, wo denn die Gämsen wären,
dann wird es allerhöchste Zeit, am besten umzukehren.

Wenn dann der letzte Grizzlybär den Kopf senkt auf die Pfoten,
dann sollten bitter wir uns schämen, dass keinen Platz wir ihm geboten.

Und wenn das letzte Erdhornmännchen sein helles Rufen unterlässt,
dann wird es höchste Zeit für uns zu nehmen, was sich nehmen lässt.

Du

Ruhe macht sich in mir breit,
Dein Frieden füllt mich aus,
ich war auf einer langen Reise,
nun komm' ich an und bin zuhaus'.

So wichtig auch die Reise war,
das Ziel war gleichsam wichtig,
hab' oft versucht, mich abzulenken,
doch nichts davon war richtig.

Jetzt weiß ich erst, wie weh es tut,
wenn man sich selbst belügt,
egal, was dazu and're meinen,
Herzen revoltieren, wenn man sie betrügt.

Sicherheit, Geborgenheit
hüllen mich ein und decken mich zu,
darf endlich wieder es benennen,
wichtig warst und bist nur Du.

Meilenstein auf meinem Weg,
Kreuzung meiner Straßen,
das Blut pocht hinter meinen Schläfen -
ich liebe Dich über alle Maßen.

Du drückst Dich nicht in Worten aus,
gibt allem einen Doppelsinn,
Du sagst "Schau weg" und meinst doch nur
"So schau' doch bloß genauer hin".
Wählst Deine Worte stets mit Sorgfalt,
es klingt nach Sorgfalt, wenn Du sprichst,
Du glaubst gar nicht, wie sehr Du mich
mit Deiner sorgfältigen Sorgfalt stichst.
Bist sachlich, kühl und so korrekt,
doch ich kenn' Dich und Du bist mir teuer,
so sehr Dein Blick vernünftig schmeckt, in Dir, da brennt das Fegefeuer.

Bin übermütig, ruhelos und
bin bereit, mich zu verlieren,
ich hab' noch jeden Berg bezwungen,
wenn's sein muss auch auf allen Vieren.
Wenn ich schon fast am Gipfel bin,
dann fängst Du erst zu klettern an
und mit den Augen des trotzigen Kindes
erklärst Du mir "Ich bin ein Mann".
Und erstmals merkst Du, wie es ächzt
im solide geglaubten Gemäuer,
Du zeigst mir Deine Liebe nicht und in Dir tobt das Fegefeuer.

Wie könnte ich voran es treiben,
wenn doch die Welt dagegenspricht,
ach, wenn es bloß für immer wäre,
dass mich nur Deine Sorgfalt sticht!
So bleiben wir auf unser'm Weg
oder biegen unerwartet wir ab?
Die Frage, unerfüllt und still,
nehm' ich wohl noch mit ins Grab.
Ich gesteh' es nun und glaube mir,
dass auch ich die Welt nicht erneuer',
ich gebe zu - so schlimm es ist - auch in mir, da tobt ein Fegefeuer.

Sucht, triffst mich jetzt mit voller Wucht,
fühle mich vom Glück verflucht,
warum hat es mich ausgesucht?
Du treibst mich in die enge Bucht
und Du lässt nichts unversucht,
bis Du am End' Gewinn verbucht.

Gier, willst es, doch verschweigst es mir,
ich kann es seh'n, Du wünschst es Dir,
doch wenn ich einmal mich verlier',
dann gehst Du fort, ich bleibe hier.
Ich scheitere an Deiner Tür,
Geduld ist wahrlich eine Zier.

Zittern, ich bin kein Tier, doch kann ich wittern,
es ist Dein Plan, mich zu verbittern,
kannst nicht meine Gedanken füttern,
Du sagst, wir gehen, doch wir schlittern.
Ich sprech' von Euch als edlen Rittern
und mess' doch meinen Schmerz in Litern.

Beben, ich will nicht immer sinnlos streben,
lass' mir den Platz in Deinem Leben,
zu ungeschickt, mich zu erheben,
zu forsch, Dich einfach zu umweben.
Ich könnte es mir nie vergeben,
ich scheitere, Du stehst daneben.

Therapie, ich dachte schon, wir schaffen's nie,
doch bin ich schlauer noch als sie,
denk' an die Kraft, die ich Dir lieh,
erst fragst Du mich, warum und wie,
doch ich bin sicher, komm und sieh,
wir werden's schaffen, irgendwie.

Charade

Das Zwinkern Deiner Augen,
das Zucken um Deinen Mund,
verraten Deinen Herzenswunsch
und tun doch Deine Zweifel kund.
Durch Deine Augen seh' ich tief
auf Deiner Seele festen Grund,
warum, warum nur quälst Du Dich
und scheuerst Dich an Ängsten wund?

Du lachst, obwohl Du weinen willst und weinst, obwohl Du lachst,
brauch' keinen großen Almanach zu seh'n, wie schwer Du es Dir machst.

Und wenn ich auch Gewissheit hätte,
selbst könnte ich es ahnen,
wollt' ich doch niemals schuldig sein,
zum Aufbruch Dich zu mahnen.
Denn dieser Sieg, ich heftete
ihn nicht an meine Fahnen,
ich weiß, ich bin der Kiesel, der
den Schritt bringt zum Erlahmen.

Mich ängstigt Deine große Freude, ich freu' mich sehr an Deiner Bange,
schlag' zu, wenn Du's für richtig hältst, kriegst auch die and're Wange.

Wir suchen wie die Fährtenhunde
die scharf markierten Pfade,
der Fuchs lenkt uns're Sinne ab
vom Wesentlichen, schade.
Scheuklappen beengen den Überblick,
ein Gesichtsfeld, so schmal und so fade.
Der Jäger blies noch nicht zum Halali
und doch - es ist alles Charade.

Du sprichst, obwohl Du schweigen willst, schweigst, obwohl Du sprichst,
kann hilflos nur Dein Zeuge sein, wenn Du an Tatsachen zerbrichst.

Diffus

Diffus und völlig unkonkret,
schemenhaft und dumpf
zogst Du aus dem Hinterhalt
mich mit in Deinen Sumpf,
verschwandest dann im dichten Nebel,
die Zeit stand plötzlich still,
will so viel sagen, viel zu viel,
doch in mir ist es viel zu still.

Die Wut verraucht, der Zorn verflogen,
die Trauer tief verborgen,
ich denk' an gestern, denk' an heute
und fürchte mich vor morgen.
Fuhr ahnungslos und richtungslos
mit Dir auf dieser Schiene,
frag' bitte nicht mich nach dem Grund
mit Unschuldslämmer-Miene.

Nach langer, schwerer Krankheit
nun doch von uns gegangen,
planlos wieder Richtung Himmel,
zuletzt vom Höllenhund gefangen.
Die Glieder brennen, meine Sinne
sind rauschig und sind blind,
ich denk' an meine Kinderzeit
und wünschte, ich wär' Kind.

Die Schwäche ständiger Begleiter,
im Nacken diese hohle Angst,
wahrscheinlich wirst Du nie erfahren,
dass den Apfel Du nicht ohne Mühe erlangst.
Schlaf' weiter, Schäfchen, träume nur
von der riesigen, saftigen Wiese,
Du würdest ohnehin nicht wach,
selbst wenn ein Orkan um Dich bliese.

Vergänglichkeit und Illusion
stellst Du mir noch vor Augen,
Du siehst doch stets durch mich hindurch
und glaubst, ich würd' Dir glauben.
Entschluss ist heute nicht gefragt,
nicht morgen und nicht nächstes Jahr,
Du hoffst noch immer auf ein Wunder,
nur: Wunder machen Taten wahr!

Lässt fesseln Dich von Deiner Ohnmacht,
von Deiner Starre Dich erschüttern
und beißt aus Angst in jene Hand,
die gut genug war, Dich zu füttern.
Nicht mehr diffus und unkonkret,
nicht schemenhaft und dumpf,
entwinde ich mich ungefragt
dem wohlig-warmen Sumpf.

Bange

In Demut und Bange erwart' ich
das eine, erlösende Wort,
ziehst Du mich ein kleines Stück näher
oder drängst mich erbarmungslos fort?

Ich verspreche, ich beug' mich dem Urteil
mit Freude, wenn Du es erkennst,
mich voll des Stolzes ansiehst und mich
mit des Phönix' neuem Namen benennst.

Und solltest Du an mir zweifeln,
meiner Stärke und inneren Macht,
dann versteh', ich muss willenlos weiter,
zu dem ander'n, der ob meiner entfacht.

Es geht fort, es geht fort, trotzdem ängstlich,
bis Du endlich mich heißt Dir zu trau'n,
um mit Dir aus Gedanken wie Perlen
einen perlmuttfarbenen Leuchtturm zu bau'n.

Mein Herz, es schlägt voll Erwartung,
ich bitte Dich, enttäusch' mich nicht,
will nicht kalkulieren mit Argwohn,
statt an der Nacht mich weiden am Licht.

So nimm nun mein Glück in die Hände,
brich den Stab nur in Liebe, bedenk'!
Dafür bringe ich Dir, ich gelobe,
meine schönsten Ideen als Geschenk.

Die Träumerin erwacht verwundert und sucht im Leben
nach dem Traum und
gibt sich so unendlich Mühe, zu finden,
doch sie findet kaum.

Die Tänzerin reckt ihre Arme und greift doch stets nur in die Luft,
erreicht nicht, was sie halten könnte und lässt trotzdem
nichts unversucht.

Die Kämpferin ergreift das Schwert und ist doch nie zum Kampf bereit,
zu sehr vertraut sie ihrer Stärke und hofft,
einmal kommt ihre Zeit.

Die Schwärmerin versucht zu leugnen, dass Zweifeln von Verzweifeln
stammt und sehnt sich heute in den Hafen
und morgen in ein fernes Land.

Die Künstlerin versucht zu denken, spitzt im Geist schon ihren Stift,
doch hält sich nie den Rücken frei,
bis nächstens sie das Schicksal trifft.

Die Rechnerin, sie kalkuliert und hat im Kopf doch längst gewählt,
doch einmal wird es offenbar,
dass die Lösung im Ergebnis fehlt.

Die Herrscherin, sie bittet niemals, befiehlt, sie ordnet und regiert
und wundert sich, dass ganz allmählich
in ihrem Land das Lachen friert.

So schläft die Träumerin nun wieder ein, träumt vom Tanzen, vom
Schwärmen und Kämpfen, denn dort – und nur in ihrem Traum –
vermag der Alltag nie ihre Sehnsucht zu dämpfen.

Der Kampf

Siedend brütet der Asphalt und die Motoren dröhnen,
bei diesem Rennen weiß man nicht,
ob jemand wird gewinnen können.

Starterbox, die Hufe scharren und die Nüstern schnauben wild,
ziehst Deinen Sieger noch zurück,
obwohl Dein Herz den Start befiehlt.

Weiße Wolken, Schneekristall, Dein bunter Anzug sitzt,
ich seh' Dir lange dankbar nach,
Du lächelst nur verschmitzt.

Sieh' die Hürde, sieh' sie an, ich weiß es, Du wirst fliegen
und denk' an mich dann am Parcours,
ich weiß es, Du wirst siegen.

Kennst Deine Siegesprämie gut, bist ruhig, doch stark und schnell,
wenn Du den Diskus weiter wirfst,
nur dann strahlt Deine Chance hell.

So starte Deinen Drachen, vertrau' Dich an dem Wind,
wirf' Dein Herz voraus und spring'
und sei ein letztes Mal noch Kind.

Bin Dein Pokal, ich bin der Sieg und hoffe, Du siehst ein,
nur einen Sieger kann es geben,
nur einer kann der Beste sein.

Willst Du Dich messen, Dich erproben,
versuch' es nur, ich bin gespannt,
ich hole dann den Hermelin und nehm' den Sieger an der Hand.

Spielfeld

Will ängstlich sein und will es zeigen, bin voller Unrast, voller Groll,
    ich seh' Dich an mit großen Augen,
    Du fragst mich nur, was das denn soll.

Bin manisch oft und immer öfter, bin missgestimmt, Du bist der Grund,
    es nagt und zehrt an meiner Seele,
    seh' in des Ungeheuers Schlund.

Und niemand ist im Stand, zu helfen, Gedankenstillstand heißt der Graus,
    mein Spiegelbild, es fragt mich täglich
    "Wie komm' ich Dir wieder aus?"

Die große, eingekerbte Falte regiert die Stirn jetzt pausenlos,
    wo ist die Lösung meiner Frage,
    wo stehe ich am Ende bloß?

Wo ist der Anfang, wo das Ende, wo kommst Du her, wo gehst Du hin,
    ich frage mich, ob ich zuletzt noch
    Figur auf Deinem Spielfeld bin?

Mein Weg ist steil und unbefahren, dornenvoll und unwegsam,
    ich habe Angst, dass ohne Karte
    mein Ziel ich niemals finden kann.

Ich wünschte, ich wär' Herr der Lage, Königin, doch nicht schachmatt,
    nicht Schlange hier im Garten Eden,
    anstelle dessen Feigenblatt.

Ich weiß nicht, ob es helfen würde, wenn Deine Hand zu Hilfe käme,
    doch sicher bin ich jedenfalls,
    dass sie der Angst die Bange nähme.

So atme ich tief durch und warte,
    in Sorge, doch ein Hoffnungsstrahl
verheißt mir irgendwann Vollendung, irgendwann, vielleicht einmal.

Vollkommen

Ich suche die Vollkommenheit, ich such' das Ideal,
ich bin mir Deiner viel zu sicher, Hochmut kommt noch vor dem Fall.
Perfektionistin und penibel, ich verlang', dass Du mich kennst
noch viel besser als die Bibel, doch auch Du bist nur ein Mensch.

Und Gott sei es gedankt, das Ideal noch nicht erklommen,
bist herrlich Du und fürchterlich,
schrecklich und unsagbar unvollkommen.

Ich möchte ohne Tadel sein, bezaubernd genial
und geht es nicht nach meinem Kopf, naja, vielleicht beim nächsten Mal.
Perfektionistin und penibel, will ich, dass Du mich jetzt verstehst,
und dass Du nicht, wenn ich's nicht sehe, zu ander'n Frauen gehst.

Aber Gott sei es gedankt, das Ideal, es ist verschwommen
und Du bist irrsinnig, grenzenlos
unendlich und wahnsinnig unvollkommen.

Ich bin im Kopf die wahre Heldin, stolz und aufrecht, stark und fromm,
begeh' im Alltag manche Sünde, auch wenn ich in die Hölle komm'.
Perfektionistin und penibel, mess' ich Dich mit anderem Maß,
bin ärgerlich, obwohl ich längst "Verzeih'" in Deinen Augen las.

Aber Gott sei es gedankt, das Ideal schon fast zerronnen
und auch ich bin am Ende hoffnungslos menschlich
und zweifellos völlig unvollkommen.

Sieben Meere

Krieger der Sehnsucht, Piraten der Unrast,
Indianer der sinnlosen Leere,
stets ziel- und planlos unterwegs - Phantome nur der 7 Meere.

Kämpfer der Sorge, vergeblich bemüht,
Giganten der wildesten Heere,
verborgen durch Schilde, gepanzert von Stahl - Phantome der 7 Meere.

Feldherren des Zweifels, Majore der Angst, Kapitäne auf schwankender Fähre, backbord und steuerbord und doch ohne Ziel
- denn Phantome nur der 7 Meere.

Offiziere des Schweißes, Adjutanten der Lust träumen Träume, doch keineswegs hehre, sind am Ende verloren und wissen es nicht
- Phantome nur der 7 Meere.

Doch Ritter des Zieles ohne Knappen und Knecht', im Herzen die wahrhafte Ehre, die Guten siebt immer das Schicksal heraus
- nicht Phantome nur der 7 Meere.

Den Mut Deiner Worte, die Kraft Deines Blicks, weißt Du nicht, wie sehr ich mich verzehre? So wirf Deinen Anker, quittiere den Dienst
- Suchender der 7 Meere!

So streich' Deine Segel, verwehr' Dich dem Wind, ist es nötig, dass ich's Dir erkläre? Komm' nun an Land und nimm mich in Empfang, vergessen die eisigen Meere.

Der schwankende Boden, die Gischt auf der Haut, der Erinnerung Relikte, mehr nicht. Des Lebensschiff's Steuer ist - wenn Du willst - ab sofort des Steuermann's Pflicht.

Mein Hund

Nie jemals so sehr an mein Herz gerührt,
nie wieder so sehr so viel Sehnsucht gespürt,
als seit jenem Moment, da Dein Glanz verblich,
der Glanz, der dem eines Lachens stets glich.
Seit jenem Moment schweigt es still in mir drin
und ich weiß, dass ich nie wieder Träume entspinn',
mit Dir über endlose Wiesen zu wandern,
heute den einen Weg, morgen den ander'n,
denn Dich zu verlier'n, nahm bis heut' mir die Kraft,
die Stärke zu finden, wie man Glücklichsein schafft.
Wie sehr meine Sehnsucht quält, seit Du gegangen,
wie nagend die Hoffnung, mich wieder zu fangen,
so einzig wie Du, so zärtlich und echt,
so sanft, so geduldig, so endlos gerecht,
aufopfernd ehrlich und gnadenlos treu,
bei mir voll Vertrauen, bei anderen scheu.
An Deiner Seite die Wärme gefühlt,
sitz' ich heut' und bin immer noch aufgewühlt
und denk' an den Abschied, der schwer fiel wie keiner,
würd' allzu gern sagen "Sieh', dieser ist meiner!"
Doch in mir, das weiß ich, bin ich noch nicht gesund,
ich lieb' Dich wie damals, mein Alles, mein Hund.

Als er Dich dann nahm aus meinen Armen,
spürte ich deutlich meine Kräfte erlahmen,
Du weißt nicht, wie viel Du wie einfach gegeben,
ach könnt' ich's einmal, nur einmal noch erleben!
Deine Stimme zu hör'n, Deine Zuversicht seh'n,
selbst, wenn ich es weiß, ein jeder muss geh'n.
Warum schon so bald, warum eigentlich Du?
Der bloße Gedanke, er schüttet mich zu.
Bin unruhig, rastlos, von Sehnsucht getrieben,
wie geht es Dir dort bei den anderen drüben?
Vermisst Du mich manchmal, verzeihst Du mir stumm,
wenn Fehler ich machte, wie grenzenlos dumm!
Nie wollt' ich Dich kränken, zu sehr fühle ich,
die Erinnerung an Dich versetzt mir einen Stich,
ich liebte Dich innig, wie ein Kind es nur kann,
sei artig und folge dem gütigen Mann,
der jetzt für Dich sorgt, Deinen Napf Dir befüllt,
der Dich und die anderen zeitlos umhüllt,
sprich leise und warte, bis an der Reihe Du bist,
versprich mir das eine, dass keine and're Du küsst,
versprich, dass Du wartest bis zu jener Stund',
da ich wieder bei Dir bin, mein Alles, mein Hund.

Der laue Wind der Nacht, der sanft das glühende Gesicht beruhigt, der stille Glanz des Mondes, umrahmt von flauschigen Schönwetterwölkchen, entferntes Meeresrauschen, das vorwitzig gekräuselte Schaumkronen vor das innere Auge zaubert, das Funkeln eines Sterns, dessen Licht noch sichtbar ist, obwohl er selbst vielleicht schon lange erloschen ist, das große, kleine Glück.

Das Licht eines Autos, das wie ein friedlicher Fisch gleitend näher schwimmt, der dunkle Sog des nächtlichen Himmels, der anderswo ängstigt, doch hier berauscht und liebkost, Musik, die von weit her näherkommt und die Botschaft der Fröhlichkeit mit sich bringt, das Licht einer Laterne, das sich zu einem blauen Kreis ausdehnt, um dann in tausend kleinen Strahlen in die Nacht zu fliehen, das große, kleine Glück.

Die Brise, die plötzlich innehält, fragend, wer ihrer lindernden Kühle bedürfe, die Gewissheit, dass der morgige Tag und jeder Tag ein guter Tag sein würde, der Gedanke an die geliebten Menschen, ein kleines bisschen wehmütig, doch ob dieser Vollkommenheit ein großes bisschen beruhigend, das Fell des schwarzen Hundes, seidig und gelockt und sein Gesicht, das Zuneigung offenbart, das kleine, große Glück.

In meiner kleinen, dunklen Höhle,
da lag ich nun und als ich schlief,
träumte ich, dass in Gedanken
ich noch an Deiner Seite lief.

In meiner kleinen, dunklen Höhle
hab' ich mir Zuflucht aufgebaut
und hab', so sehr ich es auch wünsche,
Dich immer noch nicht ganz durchschaut.

In meiner kleinen, dunklen Höhle,
bin abgeschieden, suche Schutz,
doch sie zieht, während ich verborgen,
meinen Namen in den Schmutz.

In meiner kleinen, dunklen Höhle,
da lieg' ich nun und frage Dich,
ob Du, nachdem Du wieder klar siehst,
wieder Augen hast für mich?

Der Wald ist voller wilder Tiere,
voll Schlangen, Bussarde und Bären,
ich sehne mich, dass eines Tages
wir wieder bei einander wären.

Dein Bild

Dein Bild gibt mehr als tausend Worte,
die Gedanken an Dich, die ich in mir horte,
erfüllen mich mit Zuversicht,
die Wahrheit kommt ja doch ans Licht,
die Wahrheit über Dich und mich,
drängt täglich unauslöschlich sich
in meinen Kopf, in meine Seele.
Fühlst Du den Kloß in Deiner Kehle,
wenn Blicke aufeinanderprallen,
die hintergründigsten von allen,
wenn ich versuch', Dich zu durchschau'n?
Will mehr bedeuten als andere Frau'n,
will Deine Hand im Dunklen finden,
mich nicht nur bis morgen an Dich binden,
will länger Dich als nur für heute.
Sei Leittier meiner Hundemeute!
Zu richtungslos läuft sie umher,
ein Ruderboot auf off'nem Meer.
Will wichtig sein und wertvoll Dir,
zeig' Deine Träume und Hoffnungen mir
und lass' mich helfen, es zu schaffen,
Dich wahrhaft rundherum glücklich zu machen
und - darf ich es Dir endlich sagen?
Ich liebe Dich, hör auf zu klagen!

Zerrissen

Bin nicht klein, doch fühl' mich wie ein Zwerg,
bin im Tal und sehn' mich nach dem Berg,
bin nicht schwer, doch fühl' mich schwer wie Blei,
bist weit fort und bist mir doch nicht einerlei.

Geh' erst schlafen, wenn schon die Vögel singen,
hab' noch vor mir, Dich hinter mich zu bringen,
lauf' davon und dennoch vor mir her,
hätt' ich Dich nie gekannt, wär' heute alles halb so schwer.

Bin erleichtert und fühl' mich doch bedrückt,
Du hast das Leben mit Granit mir zugepickt,
hast um meinen Hals einen Pflasterstein gelegt,
will Dich seh'n und spür'n, dass nichts mehr bebt.

Will Dich hören und ruf' Dich doch nicht an,
weil man Gefühle ja doch nicht sagen kann,
habe Sehnsucht und fürchte mich vor ihr,
hab' Dich in mir und schieb' Dich dennoch weg von mir.

Bin zerrissen, seit Du mich aufgebaut,
denk' an ihn, hab' Dich doch zärtlich angeschaut,
will so viel und weiß doch nicht, wovon,
hab' ausgesät und ernte jetzt den Lohn.

Will weit fort, es zieht mich doch zu Dir,
könnt' ich fliegen, ich bliebe dennoch hier,
könnt' ich singen, ich hielte völlig still,
denn ganz egal, Du weißt doch, was ich sagen will.

Irgendwann

Wenn erst die Liebe kommt, mich mein Gefühl zerbombt,
mich meine Freude stärkt, ganz zart und unbemerkt.

Wenn erst der Tag gekommen, da es mir unbenommen,
Dich in den Arm zu nehmen und mich an Dich zu lehnen.

Bricht erst die Nacht herein, wirst Du noch bei mir sein,
mir Deine Schulter borgen, bis in den frühen Morgen?

Wenn wir die Sonne seh'n und meine Augen übergeh'n,
spür' Deine Hand in meiner, nein, dieses Glück kennt keiner!

Das Glück der Uferlosen, das Glück, Dich jetzt zu kosen,
dies' Glück ist gipfelgleich, samtig-brausend, wild und weich.

Der Himmel himmelblau, in Deine Augen schau',
die hell und ruhig lachen und mich so glücklich machen.

Ist erst der Schmerz vorüber und kehr' ich tollkühn wieder,
füll' mir den Kelch des Lebens, Epizentrum meines Bebens!

Wenn erst der Tag gekommen, wird es sich endlich lohnen,
das Darben über graue Zeiten, von Dir lass' ich mich leiten.

Wenn erst die Liebe kommt, mir mein Gefühl zerbombt,
dann weiß ich, es war gut, denn der Sturm schürt erst die Glut.

Wenn Gefühle Vögel wären

Wenn Gefühle Vögel wären, diese großen, diese hehren, frei und flink und ungebunden, würden Zäune sie umrunden, könnten fliegen jederzeit, allerorts, auch noch so weit, würden schneller sein und weiter und am Ende auch gescheiter. Vieles dauert oft so lange und die Zeit dahin ist bange, vielfach wird dann offensichtlich, was verschleiert war und wichtig. Täuschungen sind dann behoben, bist tief unten, wärst hoch oben, wenn es wahr wär', was Du dachtest, nicht immer gleiche Fehler machtest, nein, ich würde mich nicht wehren,
wenn Gefühle Vögel wären.

Wenn Gefühle Vögel wären, flög' ich, um Dir zu bescheren, wonach Du Dich immer sehnst, wenn Du Dich alleine wähnst, könnte weite, lange Strecken zu Dir kommen und der Schrecken, den Distanzen mit sich bringen, wär' einerlei und von den Dingen, die verunsichert uns machen, sprächen wir als Nebensachen. Und vor Deinem Haus der Baum, wär' der Platz, wo ich den Traum von Dir und mir zu Ende träume, ja ich liebe Deine Bäume, säß' den ganzen Tag und sänge, in Dur und Moll und jede Menge, nein, ich würd' mich nicht beschweren,
wenn Gefühle Vögel wären.

Wenn Gefühle Vögel wären, würd' ich immer wiederkehren an den Tag,
da wir verbunden, redeten so viele Stunden, lachten und ich glücklich
war, einmal warst Du mir so nah, Deine Träume waren mein. Wird es
jemals wieder sein, warum muss ich mich so sehnen, mich so sehr
verloren wähnen? Lass mich Teil sein Deines Lebens, hier am Ziele
meines Strebens, nimm mich in den Arm und sag', was ich so gern hören
mag. Meinen Kopf an Deiner Brust, Freude, Leidenschaft und Lust
- ich würde Dich die Liebe lehren,
wenn Gefühle Vögel wären.

Wenn Gefühle Vögel wären, würd' ich endlich Dir erklären, was all das
für mich bedeutet, seit in mir Alarm es läutet, tausend Stunden, jeden Tag
und ich gar nicht mehr vermag, etwas anderes zu denken, kann nicht
meine Hoffnung lenken. Sie geht durch mit mir, verkehrt,
wie ein wildgeword'nes Pferd, nehm' nichts anderes mehr wahr,
denke jeden Tag im Jahr an Deine Stimme, an Dein Lachen
und an all die and'ren Sachen, die vom Rest Dich unterscheiden,
würde so gern bei Dir bleiben und bete täglich zum Engel auf Erden,
dass doch Gefühle Vögel werden.

Die Ahnung des nahenden Herbstes,
trotz Farbenpracht täuscht sie mich nicht
und zaubert mit feuchtkalten Nebeln
Falten in der Bäume Gesicht.
Die Farbenpracht, ich weiß, sie wird schwinden,
weil nichts für die Ewigkeit ist,
sie kommt und sie geht ohne Abschied,
g'rad solang', dass es keiner vergisst.
Wenn knorrige Äste sich beugen
und seufzen unter heftigem Wind,
dann kann die Natur davon zeugen,
dass Statisten und vergänglich wir sind.
Der Kreislauf hat Anfang und Ende,
von zartgrün bis ocker und fahl,
wenn ich ihn nur anhalten könnte,
bei mir wären Bäume nie kahl.
Ich weiß doch, dass Ruhe zum Kreislauf
wie das Wasser zum Regen gehört,
doch jedes Jahr komm' ich erneut d'rauf,
dass die Kahlheit so bitter mich stört.
In meiner Welt gäb' es Knospen,
die aufgeh'n, doch niemals verblüh'n,
kein Regen, kein Schnee und kein Klirren,
lieber würd' ich lebendig verglüh'n.
Unaufhaltsam, der Winter drängt näher,
kriecht heran und nichts hält ihn auf,
fänd' ich bloß einen Weg, ihn zu bannen,
ich tät' alles, verlasst Euch darauf.

Ich denke an Dich, wenn ich morgens erwache,
ich denke an Dich, wenn ich weine und lache,
ich denke an Dich und es nimmt doch kein Ende,
und wünsche so sehr, dass ich endlich Dich fände.

Ich bete für Dich, wenn Du nachts noch nicht schläfst,
ich bete für Dich, weil auch Du Wünsche hegst,
ich bete für Dich, wenn Du besorgt bist und müde
und bete für mich, wenn Du willst, dass ich lüge.

Ich träume von Dir, dass Du stolz bist und stark,
ich träume von Dir auf der Bank dort im Park,
ich träume von Dir, jederzeit, auch bei Tag
und träume auch manchmal, dass ich es Dir sag'.

Ich liebe Dich so, dass ich krank bin davon,
ich liebe Dich und ich hab' Angst vor dem Hohn,
ich liebe Dich mehr, als es gut ist für mich,
hab' trotzdem noch nie gesagt: Ich liebe Dich.

Ich warte auf Dich, ganz egal auch, wie lange,
ich warte auf Dich, nur allein ist mir bange,
ich warte auf Dich und ich frag' mich, wofür,
bin ich endlich am Ziel, weist Du mir dann die Tür?

Ich will, dass Du weißt, was sich in mir verbirgt,
ich will, dass Du weißt, was Du hast bewirkt,
ich will, dass Du siehst, was Du für mich zählst
und dass Du weißt, wie Du mich ahnungslos quälst.

Es soll endlich heraus, meiner Hoffnungen Ziel,
es soll endlich heraus, sag', verlang' ich zu viel,
es soll endlich ans Tageslicht, nicht mehr verborgen,
Du solltest es wissen, lieber heute als morgen.

Adieu

Nimmst meine Hand im Dunklen
und sagst mir "Bitte geh'",
zu dieser Zeit des Jahres
tut nicht die Kälte weh.
Der bitterkalte Winter
ist im Vergleich zu dem,
was Du mich jetzt erfühlen lässt,
beinahe angenehm.

Deine Antwort schlägt mich bitter,
unbarmherzig offen,
Du bist nicht der gesuchte Ritter,
hast mich tief getroffen.
Ein Wort von Dir und es wird gut,
diese Chance besteht,
weiß nicht, wie lang' ich warte,
wie lange es so weitergeht.

Vermisse Dich und will Dich nah,
so nahe, dass es schmerzt,
einmal noch, das wünsch' ich mir,
dass innig Du mich herzt.
Doch Deine Augen schweigen kalt,
in mir ein Lavastrom.
Deine Lippen schweigsam dünn,
in dem Gesicht der Hohn.

Hab mich getäuscht, verkalkuliert,
ich glaub', Du kennst mich nicht
und hast noch nie davon gehört,
dass Sehnsucht selten spricht.
Ich dreh' mich um und werde wach,
ich reiß' mich los von Dir,
Du warst der Prinz auf meinem Schloss -
Adieu, verzeihe mir.

Schön

Es ist schön, dass ich auch an andere denke,
es ist schön, dass ich mein Lachen an Fremde verschenke,
es ist schön, ganz plötzlich wieder etwas zu fühlen
und zu bemerken, dass sich Gefühle niemals verkühlen.

Es ist schön, wie Deine Hand nach meiner greift,
es ist schön, wie Dein Blick den meinen streift,
es ist schön, etwas behutsam wachsen zu seh'n
und dennoch zu wissen, es wird auch ohne Dich geh'n.

Es ist schön, dass mein Herz auf einmal wieder schlägt,
es ist schön, dass sich etwas wieder in mir bewegt,
es ist schön, dass mein Vertrauen jetzt wieder wächst,
ich hab' schon geglaubt, Du hätt'st mich verhext.

Es ist schön, stark und wieder schrankenlos frei,
es ist schön, ich dachte schon, es wäre vorbei,
es ist schön, dass ich ab nun wieder glaube
und weiß: Glück ist grenzenlos wie eine Taube.

Für Dich

Wie macht man Gedanken frei?
Es ist doch nicht einerlei,
wie Gefühle wachsen können,
grundlos in den Himmel rennen,
ohne Plan und ohne Ziel,
werden stärker, viel zu viel,
kommen jäh und hart zu Fall.
Doch wer denkt schon überall,
dass es Fallensteller gibt,
wenn man sich in sie verliebt?
Wenn sie, ohne was zu denken,
Wunden schlagen, Tränen schenken,
Träume, kostbar, doch umsonst.
Wenn Du in der Hölle wohnst,
wünschst Du Dir das kalte Eis.
Was ich wirklich nicht mehr weiß:
Kann man Hoffnungen begraben,
greifbar nahe Ziele haben
oder halten Träume wach,
machen scheinbar Starke schwach?

Irgendwann will ich es wissen,
wie es ist, nicht mehr zu missen,
sondern spüren, dass Du lebst,
auch nach meiner Nähe strebst.
Will Dich halten, mich Dir zeigen,
Liebe in den Himmel schreiben,
ohne Einhalt, ohne Scham,
keine Spiele, sanft und warm
will ich Dir mein Herz servieren,
Dich zu Torheiten verführen,
lachen, schreien, glücklich sein,
mit Dir, in Dir, nie allein.
In den Sonnenaufgang seh'n,
bis zum Regenbogen geh'n,
Hand in Hand und seelengleich,
Weichheit leben und zugleich
Stärke geben hundertfach,
nie mehr wieder wirklich schwach.
Ist doch Schwäche einfach nur
Ehrlichkeit und Liebe pur.

Geliebtes Phantom

Ich weiß, Du bist ein Phantom.
Kann man ein Phantom lieben?
Eine Gestalt, die man nie berührt hat,
ein Gesicht, das man nie weinen gesehen hat,
einen Geruch, den man nie eingeatmet hat?

Ich weiß, Du bist ein Phantom.
Kann man sich nach einem Phantom sehnen?
An der Hand genommen zu werden,
geführt, gelenkt, beschützt zu werden
und zu wissen, dass man nichts zu befürchten hat?

Ich weiß, Du bist ein Phantom.
Kann man ein Phantom einfangen?
Dass Deine Stimme eines Tages ganz nah ist,
Deine Hand auf meiner, mein Kopf an Deiner Schulter,
Dein Atem auf meinem Gesicht.

Ich weiß, Du bist ein Phantom.
Kann man ein Phantom je besitzen?
Teilen, schenken, geben, nehmen,
lachen, weinen, jubeln und trauern
und wissen, dass es ein gemeinsames Morgen gibt?

Ich weiß, Du bist ein Phantom,
aber in meiner Welt stehst Du ganz oben.
Du bist der, den ich suche, der, auf den ich warte,
der, der mich findet, wenn die Zeit reif ist.
Geliebtes Phantom, ich liebe Deine Gegenwart.

Still und heimlich

Ich frage mich, kann man es wissen,
wann Freundschaft denn zu Liebe wird?
Und gibt es eine scharfe Trennung,
die deutlich macht, was man da spürt?
Doch das Gefühl kommt still und heimlich,
verborgen erst, dann richtig laut
und drängt zuletzt so sehr nach außen,
dass bald darauf man Hoffnung baut.

Ich frage mich, kann man es wissen,
ohne zu wagen den Versuch,
wie geht es aus, wie wird es enden,
dass dennoch ich Gewinn verbuch'?
Doch das Gefühl lässt keinen Zweifel,
ich will es doch mit Dir probier'n
und kann nur hoffen, dass Du's merkst,
bevor wir den Verstand verlier'n.

Ich frage mich jetzt immer öfter,
bist Du der unsichtbare Mann,
Phantom und Geist in meinem Schatten,
den ich doch nie erjagen kann.
Doch mein Gefühl gibt keine Ruhe,
Nachtschicht in meinen grauen Zellen,
bist Du der Mann, von dem ich glaube,
er könne meine Nacht erhellen?

Ich frage mich, kann man es wissen
und gibt es eine Garantie?
Du siehst mich an und machst mir deutlich,
die Wirklichkeit, die sieht man nie.
Ich schick' Dir meine ganze Liebe,
einmal am Tag für kurze Zeit,
geh' Deinen Weg, ich geh' den meinen
und geh' ihn doch mit Dir zu zweit.

Hurricane

Alleine jetzt in den Gedanken,
zu zweit und trotzdem weit von Dir,
hast meinen Übermut genommen
und lässt mich so allein mit mir.
Ein Schaudern über meinen Rücken,
ein Zittern über meine Haut,
Dein Wort kann mich komplett erdrücken,
mein Wort verstummt und weint doch laut.
Und am Ende halt ich ein,
rufe "Warte, bleib' doch steh'n",
doch Du prescht voran wie ein wilder Hurricane.

Die Nacht geht langsam jetzt zu Ende,
der Traum, er war allzu verrückt,
anstatt mich etwas zu erleichtern,
hat mich die Nacht verrückt erdrückt.
Mein unvermeidlich' Seufzen
erreicht statt Dich doch nur die Wand,
ich dacht', ich hätte solide gebaut,
doch leider baute ich wieder auf Sand.
Und ich wehre mich dagegen,
kann nichts tun, ich muss es seh'n,
entgegen all meiner Vernunft heult ein wilder Hurricane.

So schließ' ich nun ganz still die Fenster
und mache meine Schotten dicht,
Du bist stets eingedenk der Freude,
doch meine Sorge siehst Du nicht.
Ich warte, bis der Sturm vorüber,
bis der Himmel wieder klar,
denke, hoffe, dass es wird,
wie es schon vorher lange war.
Und der Regen peitscht das Fenster,
an dem ich voll Sorge lehn', jeder Sturm findet ein Ende,
ja sogar ein Hurricane.

Kann nicht

Kann nicht sagen, was ich fühle,
kann nicht schreiben, was ich denk',
kann nicht laufen, wie ich will,
fühl' mich schrecklich ungelenk.

Kann nicht warten, mich gedulden,
denn ich brauch' Dich jetzt und hier,
selbst ein Riesenberg von Schulden
hielte mich nicht ab von Dir.

Ich kann nicht ewig Dich ersehnen,
nicht jagen Dich bis in den Tod,
Du Schatten meiner Märchenwelt,
Du machst mich hoffnungslos marod'.

Ich will nicht Deinen Namen kennen,
ich will nicht wissen, wie Du heißt,
will nur mein Glück beim Namen nennen
und frage mich, ob Du es weißt.

Ich hab' Dich in mir, hab' Dich um mich,
ich liebe Dich, Du stellst mich bloß,
kann Dich nicht einen Tag verleugnen,
bitte mach' diese Liebe nur halb so groß.

Ich weiß, Du klebst an meiner Seele,
ich könnte niemals Dich negieren
und bis zum jüngsten Tag versuch' ich,
Erinnerung auszuradieren.

Ich kann Dich nicht aus mir vertreiben,
ich weiß, Du würdest auch nicht geh'n,
ich kann nur hoffen und nur beten,
Dich im nächsten Leben wiederzuseh'n.

Warum ist der Himmel blau,
warum weiß ich nicht genau,
wann die Zeit gekommen ist
und auch Du mich dann vermisst?

Warum muss ich an Dich denken,
Dir mein Herz im Stillen schenken,
wann rufst Du mich endlich an,
dass ich Dir alles sagen kann.

Warum kann ich nicht mehr schlafen,
jedes Schiff hat seinen Hafen,
jeder Hund hat seine Hütte,
mein Herz brichst Du in der Mitte.

Warum folgt der Nacht der Morgen,
warum drücken mich die Sorgen,
seit über einem halben Jahr,
wann machst Du meine Träume wahr?

Warum ist der Winter kalt,
warum werden Menschen alt,
sag', fliegen Sternschnuppen schnell,
warum sind Sommernächte hell?

Sag', warum fehlst Du mir so,
in Texas, New York, Idaho
sitzt Du und bist des Lebens froh,
schmerzt Deine Liebe ebenso?

Sag', warum tut Sehnsucht weh,
wenn ich mir Dein Bild anseh',
wenn ich Deine Worte trinke
und Flugzeugen zum Abschied winke.

Sag', wann wach' ich auf mit Dir,
sag', wann ich Dich endlich spür',
jederzeit und jeden Tag - und wann immer ich es mag.